Liebe, Tod und lichte Tage

~

OnenessTalks to go

Andreas Müller

Impressum

Bibliografische Information der Deutschen
Nationalbibliothek: Die Deutsche
Nationalbibliothek verzeichnet diese Publikation in
der Deutschen Nationalbibliografie; detaillierte
bibliografische Daten sind im Internet über
www.dnb.de abrufbar.

Herstellung und Verlag:
BoD – Books on Demand, Norderstedt
ISBN: 9783752609936

Es gibt kein Ich.

~

Die Hoffnung ist, dass da draußen irgendwo jemand ist, der weiß. Die Hoffnung ist, dass es irgendwo eine Antwort gibt und dass es jemanden gibt, der diese Antwort gefunden hat. Doch da ist niemand. Es gibt weder jemand in deinem Innern noch jemand „da draußen", der wissen könnte. Es gibt einfach niemanden.

Das Wunder dieser Botschaft ist, dass es gar keine Botschaft gibt. Es gibt weder etwas zu verwirklichen noch etwas zu erreichen.
Die Person, die das glaubt und versucht, hat keine Realität. Es gibt sie nicht.
Was scheinbar auftreten kann, ist das Erleben, eine Person zu sein. Aber es ist eben genau dieses Erleben, das illusionär ist. Das kann weder verstanden noch von der Person erlebt werden, denn es gibt sie ja nicht.

Die ganze Suche - auch die spirituelle Suche - findet statt innerhalb dieses Erlebens „jemand" zu sein. Es ist das scheinbare Ich, das sich erlebt, und Einheit sucht.
Stirbt „Ich bin", stirbt die Suche.
Das Wunder jedoch ist, dass im Sterben nichts stirbt. Das Wunder ist, dass da niemand ist, der sterben kann und sterben muss.
„Ich bin" ist nicht real. Dass „Ich suchen muss" ist der Traum. Es ist niemand da. Was scheinbar bleibt, ist das, was scheinbar passiert. Das ist „es".
Das ist vollkommen. Es gibt nichts anderes. Das ist das Wunder.

„Was ist" lässt sich nicht beantworten. Wer könnte schon wissen, dass dieses Zimmer existiert?! Wer könnte schon wissen, ob nicht hinter der Wand nichts mehr ist?!

~

Geist ist Bewusstsein und damit illusionär. Er ist das, was scheinbar passiert, hat aber keine eigene, unabhängige Existenz. Geist ist nicht-etwas.

~

Alles ist leer! Und voll zugleich. Allerdings für niemanden. Bewusstsein, das Bilder sieht, ist bereits illusionär. Es gibt weder ein reales Bewusstsein noch eine reale Erscheinung oder reale Bilder. Wenn „Ich bin" erscheint, erscheint die Illusion einer Welt.

Es gibt nicht „ein göttliches Spiel". Was ist, ist nicht kennbar und jenseits von Sein oder Nicht-Sein.

~

Vorherbestimmung ist illusionär, denn es gibt keinen realen zeitlichen Ablauf. Aber ja, was scheinbar passiert, ist eben so, wie es ist. Niemand hat es gewählt oder bestimmt. Ungemacht und grundlos – und doch ist es alles.

~

Es ist die natürliche Realität, insofern muss und kann sich niemand daran erinnern.

Das, was ist, ist sich seiner Existenz nicht bewusst. „Es" ist einfach. So wie sich eine Blume nicht selbst erlebt, erlebt auch „das Sein" sich nicht selbst. Es gibt keine „große Intelligenz" in dem Sinn, dass es sich hierbei um ein reales, großes Prinzip handeln würde.
Das, was ist, ist nicht kennbar im Sinne von erfahrbar oder wissbar.

~

Nichts hat jemals existiert.

Befreiung ist, wenn selbst der Zeuge bzw. das Bezeugen wegfällt bzw. sich der Zeuge als illusionär entpuppt. Es kann ein scheinbares Bezeugen geben. Allerdings wäre es das, was scheinbar geschieht, und nicht das, was ich bin. Es wäre sozusagen illusionär und geschähe für niemanden. Bewusstsein ist eben nicht real, sondern das, was scheinbar geschieht (wenn es geschieht) – für niemand.

~

Ich kann nichts empfehlen.
Jede Empfehlung geschähe im Hinblick auf eine zusätzliche, persönliche Verwirklichung. Die aber ist illusionär. „Sein" ist bereits alles. Es kann weder erreicht werden noch kann man es bewusst tun.

Das ist das Missverständnis mit diesem „Sei das Sein": Da ist nur „Sein", aber eben niemand, der es bewusst tun oder sein kann. Man ist bereits „Sein". Das ist bereits die vollkommene Verwirklichung. Allerdings gibt es darin keinen Verwirklichten! Es ist nicht zu machen, weil es bereits ist.

~

„Ich bin" – dieses künstliche Zentrum, das sich als „hier und jetzt" erlebt – hat keine Realität.

~

Es gibt keine spezifische Rolle oder Funktion. Alles ist einfach so, wie es ist – ohne Funktion oder Rolle.

Aus der Sicht von „Ich bin" ist Befreiung nichts weiter als die Abwesenheit des Erlebenden, also Tiefschlaf oder Tod. Eigentlich eher Tod – aus dem Tiefschlaf kann man ja noch erwachen...?
Sehen, Hören etc. funktionieren ganz normal – und doch gibt es nicht das Erleben, „im Körper zu sein" und von dort „nach draußen" zu schauen.
Weil niemand schaut, wird nichts gesehen!

~

„Ich" und „Nicht-Ich" sind Ideen, die aus der Illusion geboren werden, dass diese erste Anwesenheit real ist. Weder An- noch Abwesenheit existieren als solche. Allerdings bezieht sich das nicht nur auf die scheinbare Person, sondern auf alles. Alles ist eben da und nicht da, ist real und irreal. Und selbst wenn man „alles" sagt, ist das schon eine Geschichte.

Suchst du den Sucher, so wirst du ihn nicht finden.
Und doch bleibt darin etwas, das gewahr ist.
Es bleibt etwas darin, das sich dessen gewahr ist,
dass da kein Sucher ist. Das ist das Gewahrsein,
das sich selbst erkennt.
Der Grund, warum selbst bei diesem Nicht-Finden
einer Person die Suche nicht endet, ist, dass dieses
letzte Gewahrsein – dieser kleine Rest
Anwesenheit – der Sucher ist.
Auch dieses scheinbar seiner selbst bewusste
Gewahrsein ist illusionär. Der Sucher glaubt sich
nicht zu finden und bleibt doch übrig als
scheinbare Anwesenheit.
Was für ein Missverständnis.
Dieses reine Gewahrsein – aus der Sicht der
Person die eine ewige untrennbare Anwesenheit –
ist illusionär. Im scheinbaren Verpuffen dessen
erlischt die Suche – nicht weil etwas gefunden
wurde. Die erste Anwesenheit entpuppt sich als
nicht existent und wird damit zur letzten.

Die Vorstellung von einem Ende der Illusion
ist eine Illusion.

~

Befreiung ist kein Konzept.
„Leben" ist kein Konzept.
Es ist einfach das, was scheinbar passiert. Es ist
völlig ganz und stimmig – genau so, wie es ist.
Es schert sich nicht um Erleuchtung und Befreiung.
Es ist bereits frei, genau das zu sein, was es ist.

~

Harmonie ist die natürliche Realität.
Alles ist natürlicherweise es selbst.

„Das Sein" kann sich nicht vergessen, gerade weil
es sich seiner selbst nicht bewusst ist.

~

„Ich bin" lebt scheinbar in Geschichten. Es denkt
und denkt und denkt – und denkt sich eine Welt
zusammen, die so nicht existiert.

~

Der Körper wird nicht aus dem SEIN projiziert –
der Körper ist SEIN als Körper. Insofern wird/
wurde der Körper niemals etwas Reales.

Solange es das ist, was passiert, kann es nicht eliminiert werden. Eine Illusion kann sich selbst nicht abschaffen. Es ist unmöglich.

~

Es gibt keine Person. Das Erleben, „jemand" zu sein, ist illusionär und gleicht einem Traum. Das Wunder ist, dass es keine Existenz hat. Es existiert also nicht mal als Traum. Das ist nicht zu erklären oder zu verstehen.

~

Letztlich erscheint die Illusion einer Welt mit der Illusion, „jemand" zu sein. Von da an findet scheinbar Erfahren statt. Die Gedanken „erschaffen" die Illusion einer Welt „da draußen" und/oder „da drinnen". Allerdings gibt es weder eine Person noch Gedanken, die eine Welt erschaffen - sonst gäbe es ja wieder „etwas".

Es gibt keine Anweisung und keinen Ratschlag. Der Sucher ist illusionär und alles, was er glaubt zu tun und zu lassen, auch. Es gibt kein Ziel und daher keinen richtigen oder falschen Weg.
Das ist die Freiheit.

~

„Es" ist nichts UND alles. Oder keines von beidem. Man kann sich nicht auf eine Seite schlagen. Und in der Mitte stehen zu bleiben – also zwischen nichts und allem – geht auch nicht. Schon die Annahme, dass es da draußen ein „es" gibt, ist Teil des Traumes. Das, was glaubt zu verstehen, hat keine Substanz. Deshalb gibt es kein Verstehen davon.

All diese Formen sind SEIN als diese Formen.
Es gibt nichts Anderes.

~

Es gibt keine reale Veränderung.

~

Wenn die Illusion von Selbst-Bewusstsein passiert,
ist es das, was scheinbar passiert. Das (scheinbare)
Erscheinen ist nicht verhinderbar, denn da ist
niemand, der es verhindern könnte. Es ist auch
nicht falsch. Das Ende davon ist zwar Befreiung,
aber ebenso wenig machbar.

Ich sehe nichts, weil niemand da ist, der schaut.
„Sehen von Dingen" scheint zu geschehen, aber
für niemanden. Es sitzt einfach niemand hinter
den Augen und schaut aus dem Körper hinaus.
Weil niemand schaut, wird nichts gesehen.

~

Dass „jemand" zum Sehenden werden kann, ist
eine Geschichte. Es gibt niemanden, der nicht
sieht, und es wird niemand geben, der sieht.
Es gibt keine Person, die zum Sehenden wird.
Dieses „Ich" ist nicht real. Verblendung ist nicht
real. Befreiung – was eine Geschichte ist – ist das
Ende der Illusion, dass es etwas zu sehen gibt.
Und doch – dieses Ende ist nicht machbar.
Niemand lebt – und niemand stirbt.
Niemand ist verblendet und niemand erwacht.

Es sind nicht die Gedanken, die alles als real
erscheinen lassen. Es ist das scheinbare Ich, das
Gedanken als etwas Getrenntes erfährt und deren
Inhalt glaubt.

~

Dass es so etwas gibt wie ein Selbst,
das seiner selbst gewahr ist, ist die Illusion.
Selbst-Erkenntnis ist ein Traum, denn es gibt kein
Selbst, das sich kennen könnte. Das, was scheinbar
passiert, ist auf wundersame Weise sowohl
unbekannt als auch ungekannt. Es gibt darin
weder ein Finden noch ein Ankommen und
Kennen. „Sei du selbst!", möchte man rufen und
verbleibt dabei doch in Stille. Wer könnte und
müsste „du selbst sein" tun?! Ist es nicht schon
das, was scheinbar passiert?!

Die Annahme, dass es eine getrennte Person gibt, ist bereits der Traum. Es gibt weder eine getrennte Person noch jemanden, der sich dessen gewahr werden könnte.

~

Auf eine Art ist natürlich alles bestimmt. Das „Vorher" ist eine Geschichte, die nicht wirklich gebraucht wird. Da alles so ist, wie es ist – und da niemand ist, der das tut – ist alles bestimmt und auf eine Weise daher auch „vorherbestimmt". Gleichwohl gibt es kein reales Geschehen, das in dem Sinn „bestimmt" oder „vorherbestimmt" wäre. Vor allem gibt es niemanden, der bestimmt. Wenn Arbeiten geschieht, geschieht Arbeiten. Wenn nicht, dann nicht. Es ist wundervoll einfach: Sein und Leben passiert bereits, so wie es ist. Niemand tut etwas und niemand lässt etwas.

Auch Gedanken sind das, was scheinbar passiert.
Das „Dilemma" ist, dass es keine verstehbare oder
befriedigende Antwort gibt. Es gibt keine
Antworten auf die „W"-Fragen. Es gibt auf das,
was scheinbar passiert, keine Antwort.
Und so sind „da ist niemand" und „das ist das, was
scheinbar passiert" nicht einmal Totschlag-
Argumente. Ja, scheinbar führen sie jede Suche ad
absurdum und doch vermögen sie nicht, die
suchende Energie „selbst" zu beantworten.

~

Das, was scheinbar passiert, ist ein richtungsloses
Fallen ohne Anfang und ohne Ende.

Das Ende der Person heißt nichts anderes als das
Ende des Erlebens „jemand" oder „etwas"
zu sein. Und: das „Ende der Person" ist eine
Geschichte. Es gibt keine Person, die enden
könnte.

~

Die Offensichtlichkeit, dass es gar keine Person
gibt, ist gleichzeitig ihr Ende.

~

„Ich bin" ist Selbst-Bewusstsein, das etwas oder
einen Moment erfährt. Insofern scheint es „tiefer"
zu sein als Gedanken.

Das Wunder ist, dass „es" genau so ist, wie es ist –
ohne Grund. So gesehen gibt es keine Quelle, aus
der alles entspringt. Was ist, ist Quelle und
Erscheinung zugleich.

~

Selbst-Bewusstsein („Ich bin") ist die Illusion. Jedes
Erleben von Realität findet statt innerhalb dieses
Erlebens. Allerdings gibt es kein reales Selbst, das
bewusst sein könnte. „Was ist" ist scheinbar
jenseits von Bewusstsein und daher unkennbar.
Und doch ist es nicht verdeckt,
denn „was ist" ist alles!

„Ich erfahre etwas" ist die scheinbare Illusion.

~

Es gibt keine Lehre.

Befreiung ist kein Zustand, denn in Befreiung stirbt
derjenige, der Zustände erlebt. Was bleibt, ist das,
was scheinbar passiert – allerdings für niemanden!
Der leidenschaftlich Meditierende ist die Illusion.
Jedoch: Im Versuch zu erreichen, überlebt er.

~

Es gibt keine Befreiung, und es gibt keinen
Andreas, der befreit ist. Andreas geschieht – so
erleuchtet und/oder unerleuchtet, wie er ist – für
niemanden. Niemand macht Andreas, und
niemand lebt ihn. Er ist nicht-etwas als Andreas.
Scheinbar simpel und einfach, normal und
menschlich.

Gefühle und Reaktionen sind das, was scheinbar passiert. Es gibt niemanden, der sich selbst wählen kann - also auch nicht das, was ihn berührt und was nicht. Traurigkeit erscheint genauso wie Freude und Lachen. Niemand macht es, niemand verhindert es. Es ist leicht – wenn auch für niemanden.

~

„Auf der Couch zu sitzen und sich etwas vorzustellen" ist das, was scheinbar passiert (wenn es das ist, was scheinbar passiert). Es ist genau das, was es ist – und doch spielt es keine Rolle. Es gibt keine Antwort darauf, was realer ist, denn alles ist real und irreal. Allerdings ohne jemals etwas Anderes zu werden. Soll heißen, dass alles eben genau das ist, was es ist (einen Apfel essen oder sich vorstellen, einen Apfel zu essen), jedoch gibt es keinen realen qualitativen Unterschied.

„Was ist", ist nicht sagbar, denn es ist nicht-etwas.
Man kann nicht einmal sagen, wann es ist, denn es
ist zeitlos. Selbst das „Jetzt" ist illusionär. Wer
könnte „jetzt" erfahren? Da ist niemand – und
damit nicht mal wirklich „jetzt".

~

Ich weiß nicht, wer oder was ich bin.
Es ist niemand da, der in der Illusion lebt,
sich selbst zu kennen.
Es gibt kein Selbst, das sich kennen kann.

~

Die Glückssuche endet mit dem Tod des Suchers.

Das scheinbare Problem ist, dass die Person eine Erfahrung von „wahrem Glück" sucht – für sich selbst natürlich. Dabei gibt es weder eine Person noch so etwas wie „wahres Glück". Das, was scheinbar passiert, ist natürlicherweise vollkommen. So gesehen ist Freude die natürliche Realität; allerdings nicht als Erfahrung.
Der Versuch, die Erfahrung von Unerfülltsein zu ersetzen durch eine Erfahrung von Erfülltsein, bleibt zum Scheitern verurteilt.
Das Dilemma ist, dass Unerfülltsein nicht real ist – und dass etwas wie „wahres Glück" nicht existiert.

~

Es gibt kein Kommen und Gehen, kein Öffnen und Verschließen. Das, was scheinbar passiert, ist alles! Zeitlos und raumlos liegt „es" offen, da es alles ist.

Es gibt Gefühle (scheinbar), aber niemanden, der sie wahrnimmt. Es gibt nicht „Ich und das Gefühl".

~

„Etwas zu erleben" ist der Traum. Aus der Sicht von „Ich bin" ist alles real, weil es erlebt wird. Wenn wahrgenommen wird, wird auch „gefühlt". Diese ganze Welt des Erlebens ist illusionär. Erleben ist illusionär. Was ist, ist einfach – ohne eine zusätzliche beobachtende Instanz, ohne einen Erlebenden.

~

„Sein" hat sich niemals vergessen. Es ist das, was ist. Es ist das, was scheinbar passiert. Es gibt weder ein Vergessen noch ein Finden.

Advaita ist nicht kennbar. Denn es gibt keine Sache „Advaita". Es gibt „nur" das, was scheinbar passiert. Das ist alles.

~

Was auch immer geschieht, es ist das, was scheinbar geschieht. Es ist zu 100% so, wie es ist, ohne jemals etwas Reales zu sein.

~

Es ist unmöglich, irgendwo zu bleiben.

Befreiung hat nichts mit dem Sucher zu tun.
Der Sucher erkennt nichts
und kommt auch nirgendwo an.
Befreiung ist der (scheinbare) Tod des Suchers und
damit automatisch das Ende der Suche.
Aber: Es wird weder etwas gefunden noch lebt der
Sucher fort. Es gibt und braucht keine Einsicht,
kein Wissen, kein Sehen –
„nur" (scheinbar) das Ende des Suchers.
Der Tod ist das Verschmelzen mit der Existenz.
Es lebt niemand weiter. Das Wunder ist, dass das,
was sich als getrennt erlebt, niemals existiert hat.

~

Ich kann nicht sagen, wie „Sein" funktioniert.
Es ist niemand da, der es erlebt.
Es gibt kein reales Bewusstsein
und vor allem keinen Bewussten darin.
Es ist frei und vollkommen, genau so, wie es
scheinbar ist. Das ist nicht zu verstehen.
„Sein" ist nicht zu verstehen. „Es" ist und ist nicht.

Das Dilemma mit Übungen ist,
dass sie jemanden ansprechen,
um ihn vom einen ins andere zu führen.
Doch genau dieser „Jemand" ist die Illusion.
Es gibt keinen Weg vom
„Unerleuchtet-Sein" ins „Erleuchtet-Sein".
Vielmehr scheint jede Übung genau diese
Trennung aufrechtzuerhalten und zu bestätigen,
die sie zu überbrücken versucht.

~

Wie kannst du etwas anderes sein als das, was du
bist? Wie könnte jemals etwas anderes passieren
als das, was scheinbar passiert? Es ist unmöglich.

~

Was ist, ist nicht-etwas. Es wird niemals gewusst
oder gekannt werden, einfach deshalb, weil es
nicht etwas ist.

Liebe ist die natürliche Realität, allerdings für niemanden. Sie kommt nirgendwo her und niemand erfährt sie: erstens, weil niemand da ist, und zweitens, weil sie alles ist. Alles ist eben bedingungslos das, was es ist. Das ist Liebe. „Was ist" muss weder erleuchtet noch gut sein. Es muss weder real noch irreal sein, weder still noch liebend – es muss gar nichts. Bedingungslose Liebe braucht keine Liebe. Das ist das Wunder!

~

Gibt es im Schlaf etwas Bleibendes?
Es ist niemand da, der es erfährt.

~

„Sein" braucht nichts. Das ist eine scheinbare Erklärung, um die Existenz von „Ich bin" zu rechtfertigen. Das, was scheinbar passiert, braucht keine Erfahrung seiner selbst. Es ist bereits vollkommen!

„Sein" erfährt sich nicht selbst. Das, was ist (und nicht ist) ist einfach – ohne eine Erfahrung seiner selbst. „Diese Worte zu hören", ist einfach. Jede Erfahrung bzw. jedes Bewusstsein darüber ist illusionär.

~

Gedanken sind das, was scheinbar passiert.
Aber es gibt niemanden, der sie hat und glaubt.

~

Es gibt keine richtige oder falsche Art zu sein. „Sein" ist das, was scheinbar passiert. Die Erfahrung zu sein jedoch verfügt über keine Realität und ist die scheinbare Illusion. Da die Erfahrung „zu sein" nicht real ist, gibt es auch keine richtige und falsche Art zu sein.

Es gibt weder einen Täter noch ein Opfer. Es gibt weder einen Verursacher noch einen Zeugen.

~

Oftmals hofft und wartet die scheinbare Person auf ein Abwesenheitsgefühl, so als ob Abwesenheit gefühlt oder erlebt werden könnte – was nur eine weitere Erfahrung in Anwesenheit oder Präsenz wäre.
Insofern ist „Abwesenheit" kein Gefühl, und das Anwesenheitsgefühl ist substanzlos.

~

Jegliche Existenz ist illusionär.

Es gibt niemanden, der sich darum kümmert, was
du tust oder nicht tust. Es gibt niemanden, der an
dir etwas auszusetzen hätte.

~

Man kann natürlich sagen: „Ich bin" ist
Bewusstsein, also erlebt sich „Ich bin" als
„bewusst" und als „Bewusstsein".
Allerdings weiß es nicht, was Bewusstsein ist.
Es kann eine gedankliche Brücke bauen und sagen,
dass es selbst „Sein" als „Bewusstsein" ist.
Das stimmt, allerdings ist das für „Ich bin" ein rein
konzeptuelles Wissen. Es erlebt sich weiterhin
„nur" als Bewusstsein. Das ist nicht falsch!
Und doch ist es eben nicht nur real.
„Ich bin" ist sich also niemals dessen bewusst, was
es wirklich ist. Es hat keine Ahnung – im Erleben! –
was Bewusstsein ist.

Es gibt weder etwas zu finden noch etwas zu verlieren.

~

In der Illusion zu sein und daraus aufwachen zu müssen, ist die Illusion. Es gibt nur das, was scheinbar passiert. Niemand ist darin gefangen und niemand kann dem entkommen.

~

Die Person weiß nicht, wie es ist zu denken. Die Person denkt nie wirklich. Die Person fühlt nie wirklich. Sie weiß nicht, wie es ist, traurig zu sein. Alles, was sie kennt oder zu kennen glaubt, ist eine Erfahrung davon, traurig zu sein. Sie kennt die Erfahrung von „Denken", aber eben nicht, wie es ist „zu denken".

„Ich kann nicht" ist das Gegenstück von „Ich kann".
Beide sind Teil des Erlebens von „Ich bin", das sich
sowohl als Täter wie auch als Opfer erleben kann.
„Ich bin" erlebt sich als Opfer der Umstände,
glaubt sie jedoch bis zu einem gewissen Grad
beeinflussen zu können und innerhalb dieser
Umstände agieren zu können. Dieses gesamte
Setup ist illusionär. „Ich bin" ist illusionär. Es gibt
kein Zentrum.

~

Ob reines Gewahrsein oder schmuddeliges „Ich
bin" spielt keine Rolle.
Das ist alles Teil des Traumes von Anwesenheit,
Teil des Traumes, dass „etwas" existiert.

~

„Sein" wird sich seiner selbst niemals in Gänze
bewusst. Es erscheint als Bewusstsein, ist sich
seiner selbst aber niemals wirklich bewusst.

Wenn da niemand ist, ist Hunger einfach Hunger, Freude ist Freude und Traurigkeit ist Traurigkeit – ohne jemanden, der sich selbst und die Gefühle als präsent erlebt. Wie das allerdings genau ist, ist nicht wissbar, denn da ist niemand, der es erlebt.

~

Dieser Körper, diese scheinbare Person, lebt und verhält sich so, wie sie es schon immer getan hat. Sie ist nervös, wenn sie nervös ist, und entspannt, wenn sie entspannt ist. Nur ist da niemand, der die ganze Zeit nebenherläuft und sich das anschaut und kommentiert. Niemand, der beobachtet und mit sich Zwiesprache hält. Niemand, der in Geschichten lebt, Probleme sieht und Lösungen sucht.

Das Erleben, morgens aufzuwachen, ist illusionär. Aber wenn es das ist, was scheinbar geschieht, ist es das, was scheinbar geschieht. Es ist weder falsch noch verhinderbar – und doch ist es eben das, was es scheinbar ist: illusionär.

~

Meistens wird unter „erscheinen" ein Vorgang oder ein Prozess verstanden. Es gibt aber keinen Prozess oder Vorgang des Erscheinens. Nichts entsteht, und nichts kommt oder geht. „Was ist" ist zeitlos so, wie es ist – ohne reale Unterschiede und nicht mit oder ohne Erscheinen.

~

Es ist eben so, wie es ist. Ohne Grund. Aber: „Sein" wird niemals wirklich zu etwas. Es gibt nicht ein „Sein", das manchmal zu etwas wird. Es gibt nur das, was scheinbar passiert. Das ist „Sein". Bzw. „Sein" ist eben nicht-etwas.

Du suchst einen Sinn für dein Hiersein.
Du erlebst es als unstimmig und hoffst, dass es
wenigstens sinnvoll ist. Sonst wäre es umsonst.
Und, ja, es ist umsonst.

~

Befreiung ist das Ende des Erlebens, jemand zu
sein. Es ist der Tod der Instanz „Ich bin", die nicht
nur als ein Gedanke, sondern innerhalb ihres
Erlebens als absolut wahr und echt
wahrgenommen wird. Im Sterben dieser
scheinbaren Instanz wird offensichtlich, dass es
diese Instanz nie gegeben hat und dass gar nichts
sterben kann und muss. Nichts verändert sich, und
damit verändert sich alles.

~

Dass es dich gibt, dass du ein Leben hast, das dich
in eine Zukunft führt, in der du erfüllt sein wirst –
all das ist der Traum.

Es gibt so etwas wie „ein Gedanke" oder
„Gedanken" nicht. Gedanken sind das, was
scheinbar passiert – untrennbar nicht-etwas. Sie
sind real und irreal und damit ein scheinbarer Teil
von nichts und allem. Sie sind weder von
Bedeutung noch transportieren sie eine Wahrheit.
Da es keinen Denker gibt, sind sie kein Problem.

~

Sowohl das Erleben von Trennung als auch das
Ende davon: Beides ist Einheit. Niemand ist drin
und niemand wird daraus befreit.

~

Niemand macht das, was scheinbar passiert.
Niemand beeinflusst es. Niemand manipuliert es.

Mir ist nichts passiert. Scheinbar existierte ein
Sucher „Andreas". Doch statt zu finden, ging er
verloren. Scheinbar zurück blieb eine Hülle, die
weiter funktioniert. Diese scheinbare Hülle
schließt Gedanken, Gefühle, Konditionierungen
ein. Doch die geschehen niemandem. Im Ende von
„Ich bin" verpufft derjenige, der sich als Zentrum
all dessen erlebt hat.

~

So lange da jemand war, existierten immer
Zweifel. Sie waren verbunden mit dem Erleben
und der Vorstellung, dass es noch etwas zu
begreifen gibt. Es gibt kein Erwachen in dem Sinn,
dass ich erwacht wäre. „Erwachen" oder Befreiung
ist das Ende des Erlebens „jemand" zu sein. Ich
habe keine Antwort erhalten, denn es gibt keine
Antwort. Befreiung ist der Tod des Fragenden.

Für den Erfahrenden sind du und ich zwei reale,
unterschiedliche Dinge. Das ist der Traum. Du und
ich sind keine zwei.

~

Es gibt keine Position. Es gibt niemanden, der sich
irgendwo finden kann – in einer Situation, in
einem Gefühl, im „Hier-und-Jetzt".
Es ist alles „blind" es selbst.

~

Sich seiner selbst gewahr zu werden ist das, was
scheinbar passiert. Und doch ist es bedeutungslos
und leer. Es gibt darin niemanden, der sich seiner
selbst gewahr wird – noch eines getrennten
Geschehens. „Ich bin" und „ich nehme etwas
wahr" sind illusionär.

Man kann Einsichten haben und Einblicke in die illusionäre Natur von „Ich bin". Überlebt man sie, lebt man mit diesen Einsichten weiter. Manches wird scheinbar leichter – es scheint nun einen tatsächlichen Zugang zu geben. Da dieser Zugang aber immer wieder verschwindet und „Ich bin" immer wieder erscheint, wird weiter gearbeitet: Selbsterforschung betrieben, Achtsamkeit oder Loslassen geübt. Falsch ist das nicht. Doch ist es nur ein Spiel innerhalb des Erlebens von Trennung.

~

Zusammen mit „Ich bin" verpufft das Setup von „Ich erlebe etwas". Da bleibt auch nichts Verbundenes übrig. Wenn etwas verbunden ist, ist es immer noch getrennt. Es verpufft das Erleben von Trennung, das nicht ersetzt wird durch ein verbundenes Erleben. „Ich bin" wird ersatzlos gestrichen.

Es gibt keine Befreiung, sondern nur das, was scheinbar passiert.

~

Zu den gängigsten spirituellen Lehren zählt, man könne durch Achtsamkeit seinen Fokus vom Relativen auf das Absolute richten, von den Gedanken auf die Gefühle, von der Geschichte auf das Gewahrsein. Das bleibt ein Kreislauf ohne Ende. Es geht immer wieder zurück vom Absoluten ins Relative, von den Gefühlen zu den Gedanken, vom Gewahrsein in die Zerstreuung. Das bleibt unbefriedigend und benötigt ständige Arbeit. Aber das nennt man Spiritualität.

~

„Gewahrsein" ist absolut überbewertet. Es gibt nichts darin zu finden.

Der Traum ist, dass da wirklich jemand ist –
irgendeine Instanz, irgendein Ding, das man dann
wäre: Präsenz, Gewahrsein, Bewusstsein, eine
Person, eine Essenz, eine Energie. All das ist schon
der Traum: der Traum, „etwas" zu sein - in
Abgrenzung zu etwas, das man nicht ist.

~

Das Dilemma des scheinbaren Ich ist, dass es seine
Gedanken als etwas Eigenes und Reales erfährt.
Es nimmt an, dass Gedanken eine eigene Wahrheit
transportieren, und leidet dann unter dieser
Wahrheit. Das ist der Traum. Der Versuch, diesem
Traum zu entkommen, ist zum Scheitern verurteilt,
gerade weil dieses ganze scheinbare
Set-up ein Traum ist.

Es gibt keine getrennte Instanz, die lebt und kontrolliert. Es gibt weder eine Person noch einen Gott, eine göttliche Energie oder einen Teufel. Niemand passt auf, niemand gibt acht.

~

Das scheinbare Ich sucht nach etwas Realem in einer Realität, die so nicht existiert. Es hofft auf ein reales Ereignis namens *Befreiung*, das es nicht gibt, in einer Zukunft, die es nicht gibt. Es wird nie eintreten, denn das, was ist, ist in Freiheit.

~

Die Suche bleibt zum Scheitern verurteilt. Nicht nur, weil jedes Finden illusionär ist. Der Suchende selbst ist illusionär.

Befreiung ist der Tod desjenigen,
der sie sich wünscht.

~

Im Ausatmen verpufft der bis dahin Erlebende.
Doch es ist kein realer Tod. Er verpufft im
Offenbarwerden seiner Illusionshaftigkeit.
Es lebte niemand, und plötzlich kann auch
niemand sterben.

~

So dramatisch der Tod aus der Sicht des scheinbar
Lebenden wirken kann, so wenig ist er es, wenn er
geschieht. Er ist nichts.

Die ganze Suche nach Erleuchtung, Erfüllung, Selbstverwirklichung entspringt dem sehnlichen Wunsch und der unverrückbaren Hoffnung des scheinbaren Ich, dass irgendwann im Leben ein Punkt kommt, an dem „es" endlich gut ist, und zwar für mich und für immer.

~

Das, was ist, ist frei darin, genau so zu sein, wie es ist. Es gibt nichts, das manipuliert und kontrolliert. Es ist bedingungslos frei. Gleichwohl ist es auch absolut gefangen darin, voll und ganz das zu sein, was es ist. Das ist bedingungslose Liebe.

~

Wie es wirklich ist, ist unbekannt. Alles ist es selbst, ohne eine Erfahrung seiner selbst zu haben.

Nur zu erfahren, ist die künstliche Realität.
Sie wird als real erlebt, ohne es zu sein.
Wäre das real, es wäre die Hölle.

~

Niemand wird eins, denn niemand ist getrennt.

~

Befreiung ist das Ende der Illusion von
Bewusstsein als realer Instanz.

Wenn das scheinbare Ich, das nur darin lebt, sich als bewusst zu erleben, verpufft, kann sich das anfühlen wie unbewusst werden. Im Ende von „Ich bin" ist allerdings niemand unbewusst, es ist einfach das Ende von Bewusstsein als Realität.

~

Das, was Frieden sucht,
lebt in der Illusion des Unfriedens.

~

Es gibt kein Gegenüber. Es gibt nichts Fremdes.
„Es" bin alles ich – jedoch ohne eine Erfahrung davon, das zu sein.

„Ich bin" wünscht sich Einheit, hofft aber gleichzeitig, sie erleben zu können. Kommt es der Verschmelzung nahe, weicht es zurück. Sie wäre sein Ende.

~

Das scheinbare Ich scheitert bei dem Versuch, die absolute Erfahrung zu machen. Aus diesem Erleben des Versuchens und Scheiterns entspringt ein Gefühl des Unwertseins. Es bleibt der Eindruck, dass „ich" es entweder falsch mache oder nicht gut genug bin oder nicht intensiv genug probiere. Dieses ganze Set-up ist illusionär.

~

Die Idee, an sich arbeiten zu können, verpufft zusammen mit „Ich bin".

Mit dem Eindruck, dass „ich" nicht richtig bin,
beginnt die Arbeit an der Person. Wenn das
Erleben, „jemand" zu sein, verpufft, bleibt ein
scheinbar funktionierender Mensch zurück, der so
ist, wie er oder sie ist. Zurück bleibt eine
scheinbare Persönlichkeit.

~

Gefühle stellen sich ein – und ja, solange da
„jemand" zu sein scheint, scheint dieses Gefühl
auch einen Besitzer zu haben –
allerdings ist es einzig und allein der scheinbare
Besitzer, der in einem Präsenz-Erleben lebt und
dadurch auch den Gefühlen Präsenz zuschreibt.

Es verschwindet das Erleben „jemand" oder „etwas" zu sein. Ja, einige Gedanken verpuffen mit der scheinbaren Person (alle, die mit der Suche zu tun haben), andere nicht. Dadurch verpuffen auch alle Emotionen, die mit der Suche zu tun haben.

Gleichwohl: Leben geschieht scheinbar – einschließlich der Gedanken und Emotionen. Stirbt „Ich bin", stirbt lediglich das getrennte Erleben.

~

Diese Botschaft kann nicht verstanden werden. Sie weist scheinbar auf das hin, was bereits ist – auf die natürlichste Realität. „Was ist" kann nicht verstanden werden, denn es ist einfach. Wer sollte das verstehen?!

Das letzte Ausatmen ist immer entspannt – im physischen Tod und in Befreiung. Im Ende erlischt der Traum der eigenen Anwesenheit. Was für eine Freiheit! Im Tod offenbart sich, was nie verborgen war: „Ich bin" war ein Traum, die Suche illusionär.

~

Es ist alles sinnlos in Bezug auf persönliche Erfüllung. Die allerdings ist die Grundlage jeder persönlichen Motivation. Das scheinbare Ich vermutet in jedem scheinbaren Erreichen einen Beitrag zu seiner Erfüllung. Das ist der Traum. Du machst nichts.
Du bist nicht mal das, was du zu sein glaubst.

~

Was scheinbar passiert, passiert völlig mühelos. Niemand macht es, niemand kümmert sich darum, niemand erhält es aufrecht. Was ist, bedarf keiner Anstrengung, um zu sein, was es ist und wie es ist.

Zu versuchen, die Suche aufzugeben,
ist nur eine weitere Form der Suche.

~

Das scheinbare Ich vermutet das Absolute
getrennt vom Relativen. Es möchte das Relative
hinter sich lassen, um eins mit dem Absoluten zu
werden. Und doch, es sind keine zwei.

~

Spirituelle Lehrer raten zum Lernen von Demut,
Offenheit, Achtsamkeit – lauter Bedingungen, die
zu erfüllen wären, um was zu erfahren?
Um Erleuchtung und Befreiung zu erleben.
Aber Befreiung ist das Ende des Erlebens,
jemand zu sein.

„Ich bin" erlebt sich als eine reale Instanz, die im Körper wohnt und aus den Augen nach draußen schaut. Diese Instanz lebt in einer Subjekt-Objekt-Realität, wobei sie selbst das Subjekt ist, und alles, was diese Instanz erfährt, sind Objekte.

~

Es gibt keinen Standpunkt – und auch das ist kein einnehmbarer Standpunkt.

~

Nichts spielt eine Rolle.

Harmonie ist die natürliche Realität. Alles ist
natürlicherweise es selbst.

~

Manche Lehrer behaupten, die Antwort bestehe
im „Gewahrsein". Und doch übersehen sie, dass
auch dieses Gewahrsein über keine Realität
verfügt. Ja, es ist das, was scheinbar passiert –
manchmal – aber es ist inhaltslos. Wie alles
andere ist es es selbst, bleibt aber ungetrennt und
ungekannt. Es hat keine Bewandtnis.

~

Es ist nichts verloren,
und es gibt nichts zu erreichen.

Dass Dinge real sind,
also einen eigenen „Inhalt", eine eigene Essenz
haben, ist Teil des Traumes von „Ich bin". Es lebt in
einer Welt aus Inhalten, die so nicht existiert.

~

„Ich erfahre etwas" ist der Traum. Weil über allem
der Schleier des persönlichen Erfahrens liegt,
bleibt es verborgen.

~

Es lebt nichts, das sterben kann.

Es gibt hier kein Zentrum, nichts, von dem aus gelebt wird. Nichts, das sich als im Körper sitzend erlebt und nach draußen schaut.

~

„Ich bin" ist keine Illusion in dem Sinn, dass es eine reale Illusion gäbe. Dass es eine Illusion ist, heißt, dass es nichts dergleichen gibt. Da ist einfach nichts – weder ein reales Ich noch eine reale Illusion. Es ist einfach nur so, wie es scheinbar ist.

~

Der Tod von „Ich bin" ist der Tod des Kritikers, des Zweifelnden, des Suchenden und niemals Findenden. Es ist der Tod eines (Alp-)Traumes, den es nie gab. Das Aufatmen ist ein Ausatmen. Das letzte Ausatmen. Das Leben atmet dich aus.

Da es keine Trennung gibt, gibt es kein Gegenüber, nichts Fremdes, nichts, das nicht Ich bin. Doch das ist keine Erfahrung. Da ist eben niemand, der „Ich bin alles" erfahren kann. Es gibt einfach „nur" Ungetrenntheit.

~

Die Person erlebt sich als Täter und als Opfer, als Schöpfer und Zeuge. Das spiegelt sich auch in den beiden Richtungen der Spiritualität wider – dem männlichen Weg und dem weiblichen Weg. Im einen ist man Schöpfer und Täter, im anderen empfänglich und beobachtend. In Befreiung fällt beides zusammen zum Unbekannten – jedes Erleben verpufft – übrig bleiben weder Schöpfer noch Beobachter. Gleichwohl: Scheinbar geschieht Handeln, und scheinbar geschieht Schauen.

Die Person hat keine Realität.

~

Es gibt keine Manifestation. Das Einzige, das sich als manifest erlebt, ist die scheinbare Person. Dieses Existenzgefühl ist die Basis für die Illusion einer realen Existenz. Aus diesem kleinen Existenzerleben schließt die Person, dass es eine riesige Existenz „da draußen" gibt. Und doch ist es genau dieses Existenzgefühl, dass über keine Substanz verfügt. Es ist absolut illusionär.

~

Es gibt niemanden, der wählen kann.

Wenn da niemand mehr ist, wird das, was vorher als getrennt erfahren wurde, eins. Dann sind es automatisch hundert Prozent. Dann geht nicht jemand die Straße hinunter, sondern da ist nur „die Straße hinuntergehen". Dann ist „die Straße hinuntergehen" alles.

~

Es kann sein, dass du morgens beim Aufwachen nicht weißt, wer du bist. Dann meinst du zu beobachten, wie das Ich sich wieder zusammensetzt. Aber schon kurz vor dem Zusammensetzen bist du da. Da erscheint kaum merklich ein feines Gewahrsein, und das ist das erste Erleben von Anwesenheit. Das Spiel von Trennung beginnt. Die Idee, dieses „Ich bin" verhindern zu können, kommt bereits aus dem Erleben von Anwesenheit. Niemand tut „Ich bin". Niemand macht das Gewahrsein. Diese Anwesenheit ist illusionär und weder machbar noch zu verhindern.

Es gibt keine zusätzliche Realisation. Es gibt kein Ankommen oder Finden. Da kommt nichts mehr. Das ist alles.

~

Erzählt mir jemand, dass er sich und mich als Personen wahrnimmt, kann ich das nur bejahen. Auch das ist, was erscheint. Trotzdem bleibt es eine Traumwelt.

~

Die größte Angst ist, sich selbst nicht erleben zu können und damit jegliche Kontrolle zu verlieren.

Es muss keine spirituelle Suche sein – „Ich bin"
sucht überall. Wo es geht und steht, hofft es,
etwas zu bekommen: ein weiteres Puzzle-Teil auf
dem Weg zur Erfüllung. Weil es das, was es erlebt,
als unbefriedigend erfährt, sucht es eine
Bestätigung dafür, dass es gut ist. Es versucht sich
einzureden, dass es gut ist, wie es ist.

~

Doch genau das ist der Traum. Dieses ganze Set-up
aus „Ich bin", „Ich erlebe etwas", „Ich kann und
muss Einheit erfahren" ist illusionär.

~

Du kannst Frieden nicht erfahren, weil du nichts
anderes bist als Frieden. Solange es einen
Erfahrenden gibt, wird dieser im Unfrieden sein.

„Ich bin" wird niemals eins werden – ganz einfach deshalb, weil es nicht getrennt ist. Es versucht, einen Abstand zu überbrücken, der nicht existiert.

~

Befreiung hat nichts zu tun mit Spiritualität.

~

Was bleibt, ist das, was ist, ungekannt, ungeklärt und unerforscht, weder in Bewegung noch stillstehend, weder hier noch dort, weder etwas noch nichts. Was bleibt, ist nicht-etwas, das nichts anderes ist als das, was scheinbar passiert.

Dass das „Ich" eine Illusion ist, bedeutet nicht, dass es eine reale Illusion gibt. Es ist insofern eine Illusion, als da einfach überhaupt nichts ist. Es gibt kein Zentrum in uns – weder in dir noch in mir. Es ist einfach nichts da.

~

Wonach die Person strebt – persönliche Erfüllung – ist unerreichbar. Sie ist unerreichbar, da es überhaupt keine Person gibt, die erfüllt oder unerfüllt sein könnte.

~

Alles ist natürlicherweise in Harmonie, einfach dadurch, dass alles absolut es selbst ist. Es gibt keine reale Bewegung darin von Unvollkommenheit zu Vollkommenheit, von Illusion zu Wahrheit oder von Unfreiheit zu Freiheit. Alles ist es selbst.

Die Hoffnung, ankommen zu können, entspringt
der Illusion, auf dem Weg zu sein.
Jedoch: Da ist niemand.

~

All das Suchen und all die Verzweiflung
entspringen aus der Illusion, dass ein
unabhängiges Ich existiert, das bewusst „Leben"
tun muss und kann. „Leben" heißt in diesem Fall
„überleben" und „persönliche Erfüllung finden".
Der Versuch, das zu erreichen, ist Suche. Es ist eine
Suche, die niemals gelingen kann. Denn sie ist
gegründet auf einer Illusion, auf der Illusion, es
gebe ein getrenntes, unabhängiges Ich.

Alles, wofür du dich jemals angestrengt hast, hat
nicht gebracht, was du dir erhofft hast:
persönliche Erfüllung. All deine Anstrengungen
waren vergeblich. Die gute Nachricht ist, dass es
nichts zu erreichen gibt. Es kann nichts gefunden
werden und es muss nichts gefunden werden. „Ich
bin" und „Ich habe verloren" ist der Traum.

~

Dass „ich" real bin und dass das, was ich erlebe,
auch real ist – genau das ist der Traum.

~

In Befreiung verschmelzen Erfahrung, das
Erfahrende und das Erfahrene zum Unbekannten.
Das, was scheinbar passiert, ist das Unbekannte
und Unerfahrene.
Es ist es selbst.
Ohne Selbst-Erkenntnis.

Der Wunsch, sich in etwas hineinzufühlen, entspringt einem Erleben von Trennung. Das „Hineinfühlen" in etwas Unangenehmes als Methode kann eine Art Wohlgefühl erzeugen – das unangenehme Gefühl scheint sich im Fühlen aufzulösen, eine Art stiller Frieden kann erscheinen. Manche sagen dann: „Dieser stille Frieden bist du". Doch es handelt sich um eine Erfahrung, die wieder endet. Nur weil das scheinbare Ich glaubt, dieses Wohlgefühl persönlich herbeigeführt zu haben, wird diese Stille-Erfahrung zum neuen Ziel - und das Hineinfühlen zur neuen Methode. Das ist nicht falsch, bleibt aber im Erleben von Trennung.

~

Freiheit bedeutet, dass keine Handlung (oder Nicht-Handlung) der Suche nach Erfüllung dient. Nichts ist verbunden mit dem persönlichen Verlangen, darin etwas zu finden. Andreas muss nicht besser werden, um irgendetwas zu erreichen. Damit verpuffen alle möglichen Neurosen rund um die Person.

„Ich bin" ist hilflos. Es scheitert an seiner Suche
nach Einheit. Da diese Suche, einschließlich der
Not, illusionär ist, ist Hilfe unmöglich.

~

Es gibt kein Selbst, keinen wahren Wesenskern.
Das wahre Selbst ist nicht zu finden, denn es
existiert nicht. Es gibt überhaupt nichts, das als
etwas Wahres existiert und gefunden werden
könnte.

~

Im Traum von „Ich bin" gibt es nur mich selbst,
quasi den Ausgangspunkt von Bewusstsein, und
das, dessen ich mir bewusst bin. Alles, was
darüber hinausgeht, ist für das scheinbare Ich
nicht existent.

In Freiheit geschehen Gedanken, aber niemand forscht in seinen Gedanken nach einer Lösung. Niemand erfährt seine Gedanken und sucht darin etwas für sich.

~

Es gibt keine Botschaft. Auch wenn das scheinbare Ich so etwas vermutet und sucht. Das Gesagte und Gehörte hat keinen Inhalt.

~

Befreiung ist der Tod des Erlebenden; da spielt es keine Rolle, was der scheinbar Erlebende erlebt hat.

Es scheint, dass in Befreiung Verhaltensweisen, die das scheinbare Ich als Überlebensstrategien aufrechterhalten haben, nicht mehr unterstützt werden. Sie ebben langsam ab.

~

Was nach der Befreiung passiert, hat keine Bedeutung, genauso wenig, wie es vorher von Bedeutung war.

~

Das scheinbare Ich hält das, was passiert, für sehr bedeutend, denn aus seiner Sicht geschieht es ihm und ist real. Ohne Ich ist das, was geschieht, real und irreal und verliert seine Bedeutung. Bedeutung findet immer in einem Kontext von Zeit und von „richtig" und „falsch" statt. Ohne Zeit und damit ohne Ziel kann es keine Bedeutung geben.

Befreiung ist das plötzliche Erlöschen
der getrennten Energie.

~

Hat jemand dir geraten, „bewusst zu bleiben"? Das
heißt, dass du anwesend bleiben sollst und dass
du wählen kannst. Das ist der Traum und zugleich
die Hölle. Denn um die Illusion, „bewusst zu sein",
aufrecht zu erhalten, benötigt es dauerndes
Arbeiten. Während also „Ich bin" ständig versucht,
bewusst zu sein, übersieht es die Irrelevanz seiner
Anstrengungen, die nur scheitern können. Zurück
bleibt ein „Ich bin noch nicht gut genug", was zu
weiterem Suchen führt. Und Suchen führt eben
nicht zum Finden, sondern zum Aufrechterhalten
der Suche.

Die ganze Last, das ganze Drama des
Getrenntseins – „Ich bin" und „Ich muss finden" –
ist illusionär.

~

Am Ende stellt sich heraus, dass nichts real war
und niemals etwas geschehen ist.

~

Das Erleben einer Anwesenheit ist bereits
Trennung. Gewahrsein, Bewusstsein ist bereits
Trennung – scheinbar natürlich. Wo Eines ist, gibt
es ein Zweites. „Was ist" ist nicht Eines, es ist
Keines.

Es gibt weder etwas zu tun noch etwas zu lassen.
Der „Macher" ist eine Illusion. So ist das, was
scheinbar geschieht, alles, was es gibt – für
niemand.

~

Diese Liebe ist blind. Es gibt nichts außer ihr selbst.
Sie ist bedingungslos.
Da es nichts gibt, das außerhalb dessen liegt, was
ist, gibt es auch nichts außerhalb von Liebe.
Sie wird weder gefühlt noch erlebt.
Du bist sie ja schon. Dass etwas außerhalb von
Liebe liegt, ist eine Illusion.
Und auch diese Illusion ist Liebe selbst.

~

Es ist weder etwas da, was auf dem Weg ist, noch
ist da etwas, das sich real finden kann. „Sich zu
finden" ist eine Illusion.

Gewahrsein ist das, was scheinbar passiert.
Allerdings ist es weder gekannt noch erlebt. Es ist
weder das, was man ist, noch hat es wirklich
Bedeutung. Die Person lebt in der illusionären
Erfahrung, Gewahrsein zu sein. Doch da ist
überhaupt niemand.

~

Es gibt nichts zu erreichen, denn es gibt keine
Realität, in der etwas erreichbar wäre.
Das, was scheinbar passiert, ist ein ungetrenntes
Unbekannt. Es ist nicht einmal etwas, das jetzt und
hier ist. Was ließe sich also darüber sagen?!
Nichts; gar nichts.

~

Es gibt kein Selbst, das sich seiner selbst gewahr
wäre. Da ist niemand.

Die ganze spirituelle Suche findet statt in Bewusstsein. Das ist okay – und doch ist eben genau dieses Bewusstsein illusionär.

~

Alles – einschließlich man selbst – geschieht von selbst, bzw. ist das, was scheinbar passiert.

~

Die Antwort des scheinbaren Ich auf die Suche ist es selbst. „Ich muss finden", „ich muss klar werden", „ich muss das Ich verlieren", „ich muss ganz ich sein", „ich muss präsent sein". Das scheinbare Problem sieht sich selbst als die Lösung an – was für ein wundervoller Witz!

Dass die Präsenz-Erfahrung nicht real ist, kann man der Präsenz nicht erklären.

~

Solange da „jemand" ist, lebt dieser scheinbare Jemand in der Annahme, dass es sich bei Freiheit um eine Erfahrung handele. Das scheinbare Ich erfährt Freiheit hin und wieder als Gefühl. Das allerdings ist der Traum. Ja, da ist Freiheit. Aber es gibt keinen Weg dahin, keine Annäherung. Wer sich in der Annäherung erlebt, besteht nur daraus, scheinbar getrennt zu sein. Egal, wie nah „du" scheinbar bist, „du" bestehst nur daraus, dich als getrennt zu erleben.

~

Es gibt nichts zu erreichen.

Die scheinbare Entdeckung ist,
dass es nichts zu entdecken gibt.

~

Das Christentum versucht seit zweitausend Jahren,
Liebe in die Welt zu tragen. Buddhisten üben sich
in Gleichmut. Spirituelle Sucher bemühen sich,
dauerhaft still zu werden, um als unberührtes
erleuchtetes Ich über den Dingen zu schweben.
Alle wähnen sich in einer Entwicklung, die auch in
Rückschritten und Niederlagen, vor allem aber in
Erfolgen und Fortschritten besteht. Was die
Sucher nicht sehen, ist, dass sie sich im Kreis
drehen.

~

Erfahrungen addieren sich niemals zu einem
wahren Gut auf. Sie bleiben flüchtig und leer.

Selbst beim letzten Einatmen glaubt das
scheinbare Ich noch, das nächste Ausatmen zu
überleben und in den nächsten Moment geführt
zu werden. Und doch, es gibt keinen nächsten
Moment. Es gibt nicht einmal diesen Moment.

~

Diese scheinbare Verschmelzung
ist nichts anderes als das Ende des Erlebens,
„jemand" zu sein. Was übrig bleibt, ist weder
kennbar noch erfahrbar.

~

„Man muss doch weiter an sich arbeiten", hört
man manchen Lehrer sagen. Vergiss es. Was soll
der ans Kreuz Genagelte noch arbeiten? Seinen
Schmerz integrieren? Pah, nur der Tod lockt noch
mit Hoffnung. Im wahren (scheinbaren :-)) Tod
bleibt niemand übrig, der danach noch könnte.

Du bist nie einen Schritt gegangen. Du warst niemals real als „Ich" existent. Du bist weder „hier und jetzt" noch bist Du vorangekommen. Auch das scheinbare Sehen dessen bringt Dich keinen Schritt weiter. Das ist die Freiheit.

~

Die Gewahrseins- oder Präsenzerfahrung ist nicht existent.

~

Nichts kann und muss erlöst werden – das ist die Erlösung.

Aus der Sicht der Person ist Befreiung nichts
anderes als eine Art persönlicher Erlösung.
Doch so etwas gibt es nicht.

~

All die Bemühungen sind völlig umsonst. Alles ist
umsonst. Alles ist bereits es selbst – kostenlos
sozusagen.

~

Die Sehnsucht – und die Angst davor – zu sterben,
ist Teil eines Traumes.

Es gibt nur das, was passiert. Dass daran
gearbeitet werden muss, dass es eine
Verunreinigung gibt, die gereinigt werden muss, ist
der Traum.

~

„Ich bin" ist kein mentales Konstrukt, sondern ein
Erleben. „Ich bin" ist ein energetisches Set-up.

~

Dass „ich" bewusst handeln müsste, ist der Traum.
Dass „ich" bewusst mitbekommen, erleben,
beobachten, aufpassen müsste, ist der Traum. „Ich
bin" ist der Traum.

Die Illusion, dass es eine reale Welt gibt,
erscheint nur für das scheinbare Ich.
Das erfährt sich selbst als etwas, das real ist,
und erfährt auch alles um sich herum als real.
Wenn niemand da ist, bleibt das, was scheinbar
geschieht. Allerdings für niemanden.

~

Es gibt weder ein Ich noch eine Ich-Illusion.
Deshalb ist der Versuch, der Illusion zu
entkommen , ein scheinbarer Teil der Illusion.

~

Nichts hat einen Sinn. Nichts kann einen Sinn
haben, denn das, was ist, ist alles. Wofür sollte es
dann noch sinnvoll sein?!

Die Überraschung ist, dass sich sogar die letzte
und feinste Selbst-Erfahrung als illusionär
entpuppt.

~

Ausgleich ist die natürliche Realität,
die kein Gegenüber braucht.

~

Es ist niemand da, der sich als getrennt erlebt und
Ganzheit erleben möchte.

Nichts ist verborgen, und nichts ist versteckt. Die natürliche Realität liegt offen, denn sie ist einfach das, was scheinbar geschieht. Das ist weder mysteriös noch kompliziert. Sie ist nicht zu entdecken, weil sie alles ist.

~

Ich habe keine Ahnung, ob mein Leben den Bach runter geht und ich wegen ein paar unglücklichen Entscheidungen unter einer Brücke ende - oder mitten in der Sahara, ohne Wasservorrat.
Da ist niemand. Niemand, der eine Wahl hat.
Niemand, der weiß.

Dass die Schöpfung etwas ist, das real existiert, ist der Traum. Diese Realität existiert nur für den Erlebenden. „Ich erfahre etwas" ist die (scheinbare) Illusion.

~

Es ist niemand da, der sich selbst wählen kann. Andreas ist das, was scheinbar passiert – ohne Grund und ohne das Erleben, Andreas zu sein. Er hat keine Bedeutung und ist einfach, wie „er" scheinbar ist.

~

„Da ist niemand" heißt, dass „hier und jetzt" kein Zentrum existiert.

Im Leben lebt nichts, und im Sterben stirbt nichts.

~

Im Tod mag es ein kurzes Aufblitzen geben, ein kurzes Bemerken im Erlöschen des Traums, das allerdings nicht mehr in einer Geschichte verwertet werden kann. Zu kurz die Einsicht. Danach: Niemand da. Das Unbekannte.

~

Das scheinbare Ich lebt in einem ständigen „Das kann es noch nicht sein". So gesehen lehnt es jeden Moment ab als das, was er ist: stimmig, absolut stimmig.

Es gibt keine Bewegung von der Trennung in die Einheit und keine Bewegung von der Anwesenheit der Person in die Abwesenheit der Person.

~

Die fragende Energie trifft ständig auf nicht-etwas. Und es kann sein, dass sie einfach zermürbt wird.

~

Befreiung ist keine Erkenntnis. Befreiung ist nicht die Einsicht, dass es mich nicht gibt. Es ist keine Erfahrung von Transzendenz. Befreiung ist das Ende des Erlebens, jemand zu sein.

Das, was scheinbar passiert, ist völlig frei und natürlicherweise es selbst. Für niemanden. Es sitzt niemand drin, der es erfährt. Und es gibt niemanden, der das weiß.

~

Die Antwort ist, dass es keine Antwort gibt.

~

Das scheinbare Ich sucht etwas, das es finden oder wissen oder haben kann und auf das es sich verlassen kann. Eine absolute Einheit zum Beispiel, ein absolutes Wissen, einen beständigen Zustand von Ausgeglichenheit und Freude.
Doch nichts davon existiert, natürlich auch nicht das Gegenteil. Es gibt auch nicht nur das Relative, das Ungenügende und Unbeständige.
Das Einzige, was existiert, ist das, was scheinbar passiert. Und das ist „es".

Dass „ich" bewusst handeln müsste, ist der Traum.
Dass „ich" bewusst erleben, beobachten,
aufpassen müsste, ist der Traum.
„Ich bin" ist der Traum.

~

Jede Vorstellung davon, dass etwas getan werden
kann für die Befreiung, die Erleuchtung oder die
Zukunft, ist Teil einer Illusion – Teil des Traumes,
eine Person zu sein. Es gibt keine reale Befreiung,
denn es gibt niemand, der gefangen ist.

~

Die Überraschung ist, dass das, was scheinbar
passiert, überhaupt keine Erfahrung von sich
braucht. „Sitzen in einem Zimmer" braucht keine
Erfahrung davon, „Sitzen in einem Zimmer" zu
sein. Es muss weder gut noch schlecht, weder
angenehm noch unangenehm sein. Es braucht
nichts.

Dass Bewusstsein etwas ist, das ich bin, das ich tun müsste oder das ich lernen könnte, ist die Illusion. Bewusstsein geschieht – oder auch nicht.

~

Es gibt nichts zu gewinnen. Denn die Person, die in den Kategorien von Gewinn und Verlust lebt, von Vor- und Nachteil, von Besser und Schlechter, entpuppt sich als nicht existent.

~

Aus der Sicht von Ich-bin ist das, wovon hier die Rede ist, der Tod. Der Hinweis darauf, dass dieses Set-up nichts Reales ist, bedeutet keine neue Erfahrung. Er bedeutet das Ende.

Du meinst, es sei hilfreich, wenn der Verstand
einen Vorgang geistig nachvollzieht.
Die Illusion dabei ist, dass eine getrennte Instanz
etwas tut – und dass da jemand ist, der seine
Gedankenprozesse beobachtet, jemand, der
verstehen muss, wie Dinge passieren.
Das führt nirgendwo hin.

~

Bei den Talks trifft das, was sich als Etwas
wahrnimmt, auf nicht-etwas. Und dieses
scheinbare Etwas stellt Fragen. Im Prinzip ist es
immer dieselbe Frage: die Frage nach dem
Dilemma von „Ich bin jemand" - und Einheit.
Das ist die einzige Frage, und selbst wenn Leute da
sitzen und mit dem Mund keine Frage stellen, ist
es doch dieselbe Frage, energetisch.

Das scheinbare Ich bestätigt sich ständig in seinem Sein. Dass seine Arbeit, seine Erfolge und seine Misserfolge illusionär sind, genauso wie es selbst, dass nichts davon benötigt wird, dazu hat es keinen Zugang. Es dreht sich ständig im Kreis seiner irrealen Welt. Es dreht sich um sich selbst, um etwas, das so gar nicht existiert.

~

„Ich bin" kennt Momente, Zustände, in denen „alles gut" war. Doch selbst die konnten die Sehnsucht nicht befriedigen.
Unbefriedigtsein ist Teil des Erlebens, „jemand" zu sein. „Ich bin" bleibt unbefriedigt. Es bleibt ständig getrennt vom Erlebten und ist deshalb unerfüllt – scheinbar.

Es gibt kein Aufwachen aus dem Traum. Dass es einen Traum gibt, ist bereits der Traum.

~

Aus der Sicht der Person scheint das unmöglich: dass es einfach so ist, wie es ist – und dass es einfach so sein kann, wie es sein kann.

~

Es gibt keine Wahrheit, denn es gibt kein reales Geschehen, das wahr sein könnte.

Die gute Nachricht ist, dass das Erleben von „ich bin jemand", „ich habe ein Leben" und „ich muss es richtig machen, um irgendwann erfüllt zu sein" eine Illusion ist. Es gibt keinen realen Mangel.

~

Es gibt kein Ankommen,
denn es ist niemand auf dem Weg.

~

Wie es wirklich ist, kann keiner wissen, denn da ist niemand, der nachschauen kann. Es ist genau dieses Gewahrsein, das über keine Substanz verfügt.

In Befreiung verschmelzen der/die Erfahrende, die Erfahrung und das Erfahrene zum Unbekannten. Wobei „verschmelzen" einen Prozess anzudeuten scheint, den es so nicht gibt. Es gab nie einen Erfahrenden, nie eine Erfahrung und nie etwas, das erfahren werden konnte.

~

All die Versuche, einen bestimmten Zustand oder eine bestimmte Erfahrung zu erreichen, sind nichts weiter als der Versuch, eine Erfüllung zu finden, die es weder gibt noch braucht.

Es gibt keine göttliche Schöpfung,
kein kosmisches Leela, kein Weltenspiel.
Lediglich Ich-bin erfährt sich in der Illusion, es
gebe ein Universum, eine Welt und andere
Menschen. Wenn dieses Ich-Zentrum stirbt –
besser: wenn sich herausstellt, dass es gar nicht da
war, dass es nie existiert, dass es keine Substanz
hat – dann verpufft zugleich die Idee, es gebe
Welten, Götter, andere Menschen.

~

Befreiung geschieht nicht durch Gnade. Befreiung
geschieht ohne Grund. Kein Begnadeter bleibt
übrig. Niemand, der einen Vorteil erlebt oder sich
als beschenkt empfindet. Darin liegt kein Gewinn
für die Person. Der Tod ist kein Gewinn. Und
darum handelt es sich bei der sogenannten
Gnade: um den Tod von Ich-bin.

Wenn ich sage: Ich-bin ist der Traum, meine ich nicht, dass da jemand träumt. Sondern dass es kein Ich-bin gibt. Da existiert nichts.

~

Was sich als am Leben empfindet, ist Ich-bin. Es erlebt sich als: Ich wohne im Körper. Und wenn das so empfunden wird, findet ständig Suche statt: Wo will ich hin? Wie verhalte ich mich, um die richtigen Ergebnisse zu erzielen? Wie finde ich heraus, wie Leben geht? Aber da ist eben niemand.

~

Wer wiedergeboren werden möchte, geht von einer Anwesenheit aus, die es jetzt schon nicht gibt.

Die Idee der persönlichen Befreiung ist ein spirituelles Konzept. Dass der Sinn des Lebens darin besteht, dass ich etwas verwirklichen oder erkennen müsste, ist eine Illusion. Aber aus der Sicht von Ich-bin fühlt es sich absolut so an, dass da noch irgendetwas geschehen müsste.

~

Der Versuch, alles zu akzeptieren, wie es ist, muss scheitern. Was ist, ist bereits akzeptiert. Da muss keiner mehr betrachtend danebenstehen und bescheinigen, dass es gut ist. Vollkommene Akzeptanz gibt es allenfalls im Tod von Ich-bin – im Tod dessen, was in Nicht-Akzeptanz lebt.

Die Suche nach persönlicher Erfüllung in der materiellen Welt — in Sex, Geld, in Spaß, in Macht — ist genauso zum Scheitern verurteilt wie die Suche nach Einsichten, nach Weisheit, Heilung oder Erleuchtung.

~

Weil das, was passiert, alles ist, bin ich keine Hilfe. Dies ist komplett, so wie es ist. Deshalb ist es unmöglich, einen Rat zu geben. Dies ist bereits völlig frei und natürlich es selbst.
Die Person, die in Kategorien lebt von Gewinn und Verlust, von Vorteil und Nachteil, von Richtig und Falsch, diese Person stirbt in der Befreiung. Was dann bleibt, ist einfach nur das, was geschieht. Und das ist auf seine eigene und spannende Weise gut und stimmig und vollkommen okay, ohne dass es von irgendjemand erfahren wird.

Ohne Ich ist Leben in Nicht-Wissen, denn Einheit kann nicht gewusst werden.

~

Das scheinbare Ich projiziert all seine Hoffnungen auf die Erleuchtung. Ist die Suche sehr intensiv, muss jeder Augenblick der Prüfung standhalten: „Ist es das nun? Oder noch nicht?" Das Dilemma daran ist: Die schiere Anwesenheit des Ich-bin bedeutet sein Scheitern. Scheinbar.

~

Nichts muss verschwinden, nichts muss freigelegt werden. Es gibt keine Schichten und vor allem keinen Kern.

Es gibt keine Erkenntnis von Wahrheit.

~

Es gibt keine Vergangenheit,
kein Jetzt und keine Zukunft.

~

„Ich bin" besteht daraus, und *nur* daraus, sich als
etwas Getrenntes zu erfahren. Wie also könnte es
akzeptieren, nicht zu sein? Selbst wenn es den
Gedanken interessant findet – und wenn es sich
ihm intellektuell nähert – es wird niemals
„wissen", wie es ist, nicht zu sein. Seine eigene
Irrealität wird ihm niemals zugänglich sein.

Das scheinbare Ich wartet immer darauf, dass
etwas geschieht, und sei es ein Todesstoß.
Aber da ist kein Ich, das sterben könnte.

~

Man kann sich Einheit nicht bewusst sein. Dazu
bräuchte es etwas, das von Einheit, also von dem,
was erscheint, getrennt wäre.

~

Nicht-etwas ist unerreichbar. Nicht weil es weit
weg ist, sondern weil es bereits ist!

Das scheinbare Ich erlebt sich als ein Zentrum, von dem aus alles erlebt und erfahren wird. Es erfährt sich als getrennt. Sobald da die Wahrnehmung von Trennung ist, handelt es sich um Leben in einer künstlichen Realität.

~

Das scheinbare Ich nimmt sich als getrennt von der Welt wahr und glaubt, überleben zu müssen. Es macht und tut und gibt täglich sein Bestes. Es möchte nur alles richtig machen, um zu überleben oder um endlich eins zu sein. Aber da ist kein „Ich", das überleben oder eins werden müsste.

~

Du kannst dich weder richtig noch falsch verhalten. Denn du bist der Traum.

Bis zu einem Punkt scheint diese Botschaft logisch zu sein. Das scheinbare Ich erlernt, wie das Ich funktioniert, und versteht den Zusammenhang zwischen der Suche und dem Nicht-finden-Können. Doch dazu, dass all das nicht existiert, hat es keinen Zugang. Es versteht einen Zusammenhang, der nicht existiert.

~

Wenn das letzte Ausatmen geschieht, wird offensichtlich, dass niemand lebt und niemand stirbt. Weil nichts verschwindet, kann auch nichts zurückkommen.

~

„Ich erfahre etwas" ist der Traum.
Verpufft er, bleibt das, was ist.

Nichts kann irgendwohin führen, da alles bereits „das" ist. Es gibt keine Zukunft. Der zeitliche Ablauf ist Teil des Traumes. Nichts führt zu persönlicher Erfüllung. Es gibt sie nicht.

~

Das Spiel aus Suchen und Finden ist illusionär. Es ist niemand getrennt und kann eins werden.

~

Die Idee, für seine Erleuchtung
arbeiten zu müssen,
verpufft zusammen mit dem Arbeitenden.
Danach ist es insofern mühelos, als weder jemand
da ist, der sucht, noch es einen Zustand der
Realisierung gibt.

Das Wundervolle ist, dass mit dem Tod des vermeintlich Lebenden nichts verloren geht. Aus der Sicht von „Ich bin" ist es der absolute Verlust. Es verliert alles, einschließlich seiner selbst. Dass gar nichts verloren geht, ist das absolute Wunder.

~

Was ist, ist völlig frei. Es stellt keine Bedingungen. Es muss weder gut sein noch schlecht, weder erleuchtet noch unerleuchtet. Es kann das sein, was es ist.

~

Im Ende stellt sich heraus, dass „Ich bin" nicht real ist und nie real war. Es endet also nichts wirklich. „Ich bin" hat es nie gegeben.

Achtsamkeit ist eine Geschichte. Wer möchte achtsam sein? Wer lebt in persönlichem Gewahrsein? Das scheinbare Ich. So verlockend diese spirituellen Spielchen sind, sie sind nichts weiter als das: Spielchen. Sie sind Teil des Traumes von „Ich bin". Stirbt es, sterben sie mit.

Für die meisten Menschen ist die Suche auf verschiedene Baustellen verteilt: Job, Karriere, Familie, Kinder, Hausbau, die Affäre nebenher. Gerät dieses Leben aus den Fugen, wird die Suche dringlicher. Dann wird sie nicht selten spirituell. Darin scheint sich die suchende Energie zu konzentrieren. Doch das Erleben von „Ich bin jemand, der etwas für eine bessere Zukunft tun kann und muss", dieses Erleben bleibt Teil der Illusion.

~

Es gibt keine Ende von „Ich bin", weil „Ich bin" niemals existiert hat. Und es gibt kein Ankommen, denn es ist niemand unterwegs.

Das Ich kehrt immer wieder zurück zu seinen Geschichten. „Hier und jetzt" bleiben zu können, ist der Traum des scheinbaren Ich und seiner spirituellen Lehrer. „Ohne Geschichte" zu sein, ist keine Befreiung. Es ist eine kurze Verschnaufpause im Erleben von „Ich bin".

~

Mit dem Erleben, jemand zu sein, ist eine leise Unzufriedenheit verbunden. Eine subtile Idee, dass etwas fehlt. Dass noch etwas zu finden sein müsste. Das gehört untrennbar zum Erleben, eine Person zu sein. Innerhalb dieses Erlebens kann das Dilemma nie gelöst werden, denn dieses ganze Erleben existiert nicht.

Dazu, dass Leben und Sterben illusionär sind, hat „Ich bin" keinen Zugang. „Ich bin" ist der Traum. „Ich habe ein Leben" ist der Traum. „Ich werde sterben" ist der Traum.

~

Die Hoffnung auf Erfüllung ist der Traum. Jedes Angebot der Verwirklichung gießt Öl ins Feuer der Suche. Solange es die Illusion gibt, dass Ich „es erreichen" kann, wird übersehen, wie schmerzhaft dieses Spiel aus Hoffen, Suchen, temporärem Finden ist.

~

Das scheinbare Ich träumt, all diese Dinge zu tun oder zu sein. Nichts davon tut „Ich bin" wirklich. Es lebt in der Illusion, für all sein Handeln verantwortlich zu sein.

Hilfe gibt es an jeder Ecke. Manches mag eine Zeit lang funktionieren. Wenn es dann nicht mehr funktioniert, wird etwas Neues gesucht. „Ich bin" nennt das „Entwicklung". Was sich darin allerdings niemals verändert, ist das Set-up von „Ich bin", von „Ich erfahre etwas", von „das, was ich erfahre, ist nicht genug" und „Ich muss es finden".

~

Dinge sind leer. Für das scheinbare Ich, das sich von realen Dingen umgeben glaubt, ist das beängstigend. Es verliert jede Orientierung.
Es ertrinkt. Und es möchte nicht sterben.
Niemals, außer in absoluter Verzweiflung, würde das scheinbare Ich sich für den Tod entscheiden.
Das wäre das Eingeständnis, unbefriedigt zu sterben. Das würde es nie tun. Muss es auch nicht.
Es geschieht – scheinbar – oder nicht.

Aus der Sicht von „Ich bin" ist es tatsächlich Sterben. Es verliert alles, einschließlich seiner selbst. Die gute Nachricht ist, dass es dieses Selbst gar nicht gibt. Es geht nichts verloren.

~

Was hier gesagt wird, geht über das Ich hinaus. Da ist „Hören", eine Art Resonanz, ein „Ja" zum Gehörten. Doch auch das ist unpersönlich und hat mit dem scheinbaren Ich nichts zu tun.

~

Wenn das scheinbare Ich suchend zu einem Lehrer geht, und der gibt ihm etwas – eine Antwort, ein Ziel, eine Übung – lebt es auf und läuft freudestrahlend heim. Auch der Lehrer ist glücklich, er konnte ja helfen. Damit verfestigt sich ein Hierarchiegefälle. Kollabiert das „Ich", kollabiert auch dieses Spiel. Nichts bleibt übrig.

Es gibt keine Lebensweise der Nicht-Dualität. Das scheinbare Ich hört die Botschaft, glaubt, sie zu verstehen, und versucht, entsprechend zu handeln. Es zerreibt sich zwischen dem Bild, das es von Einheit hat, und dem, was scheinbar passiert.

~

Gefühle sind das, was scheinbar passiert, und damit Einheit selbst.

~

Die Erfahrung von Zeit wird nicht ersetzt durch eine Erfahrung von Zeitlosigkeit. Zeitlosigkeit wird nicht erlebt. Es gibt einfach keine Zeit.

Es gibt aus dem, was scheinbar passiert, kein
Entkommen.

~

Das Ende von „Ich bin" ist der Tod von etwas, das
nie existiert hat. Im Sterben, mit dem letzten
Ausatmen, wird offensichtlich, dass nichts gelebt
hat. Es existiert nichts, das sterben kann.

~

Es gibt „nur" das, was ist. Das ist „es".
Mehr gibt es nicht.

Was ist, ist amoralisch. Es ist weder gut noch schlecht noch entwickelt es sich. Es ist es selbst – zeitlos und raumlos, frei und unerfahren.

~

Niemand kommt freiwillig zu den Talks. Nur wer nicht anders kann, bleibt hier hängen. Würde irgendwo noch Hoffnung winken, wärest du dort.

~

Es gibt keine Menschen, keine Geschichte, keine Kontinuität. Es gibt keinen realen Ablauf in Zeit. Weder gibt es dich noch einen Moment, in den du kommen könntest. Nichts geschieht.

Sehnsucht ist Teil des Traumes, getrennt zu sein,
etwas Eigenes zu sein: eine Person, die getrennt ist
von Liebe.

~

Niemand kann aus dem Traum erwachen.
Derjenige, der erwachen will, ist der Traum.

„Großer Dank geht an Dietmar Bittrich für die Unterstützung beim Zusammenstellen der Zitate und für die Illustrationen, Christine Rabus für das Transkribieren, Levin Sottru für das Cover, Maria Pätzold für das Lektorat, Nadine und Soham und Tony und Claire Parsons."

Über den Autor

Andreas wurde 1979 in Ludwigsburg geboren.
Nach einigen Jahren spiritueller Suche begegnete
er 2009 Tony Parsons. „Zuerst war ich schockiert.
Obwohl ich bereits viel wusste und viel erlebt
hatte, war das etwas Neues und Unerwartetes.
Plötzlich hörte ich, ohne Grund, was Tony sagte.
Bald war es unbestreitbar: Da ist niemand."

Seit 2011 hält Andreas Talks und
Intensives auf der ganzen Welt.

www.thetimelesswonder.com

Bücher von Andreas in deutscher Sprache:

„Weihnachten hat es nie gegeben."

ISBN: 978-3735721822

„Freiheit"

ISBN: 978-3-7448-4038-5